Fiche **notion**

Par Dominique Coutant-Defer

La perception

LePetitPhilosophe.fr

Associez chaque citation à l'explication qui lui correspond.

Choisissez un sujet bac et construisez le plan de votre dissertation en y associant, si possible, certaines des citations et des explications reprises ci-dessus.

INTRODUCTION

La perception est une expérience commune à tous les hommes qui fonde leur rapport au monde extérieur. Elle est définie par la psychologie comme **un processus physique et mental par lequel un individu organise les données brutes fournies par les sensations**, c'est-à-dire issues des cinq sens. Du point de vue étymologique, le verbe percevoir vient de *percipere* qui signifie « prendre ensemble » : percevoir consiste à récolter et à ordonner les sensations.

Mais comment et à quelles fins s'effectue ce processus ? Ces interrogations renvoient au lien du sujet au monde qui l'environne, et ouvrent le débat sur le mode d'articulation entre la réalité, qui fournit les impressions sensibles, et l'esprit, qui les organiserait. Par là même, **la perception s'inscrit dans un champ conceptuel plus vaste et de première importance, celui de la connaissance** : comment connait-on et comment se forment les idées ?

Le concept de perception a toujours été lié à cette question philosophique. Dès l'Antiquité, les philosophes s'interrogent sur le rôle des sens dans la connaissance : la connaissance débute-t-elle avec la perception ? Toutefois, c'est la philosophie moderne qui donnera à la perception une place de premier choix, en lui accordant un rôle essentiel dans la constitution du sens de l'objet.

Niveaux de lecture :

*** : incontournable

** : à ne pas négliger

* : pour approfondir

APPROCHES DE LA NOTION

PERCEPTION ET CONNAISSANCE

Les trois phases de la perception *

La perception ne se résume pas à la réception des données fournies par le réel, comme si nos yeux étaient une fenêtre ouverte sur le monde et le cerveau un observateur passif de ce spectacle.

Pour la psychologie contemporaine, **la perception est active et se déroule selon trois phases** distinctes :

- **l'étape sensorielle**. La sensation, constituée par le stimulus d'un organe sensoriel, est considérée comme le premier stade d'une suite d'évènements biochimiques et neurologiques. Au moyen des cinq sens, l'individu reçoit des données brutes comme celles du salé, du chaud, du rugueux, du bleu, etc. Ainsi, l'homme repère les caractéristiques du milieu extérieur ;
- **l'étape perceptive**. Le cerveau est à la recherche de formes globales qui vont aider l'individu à organiser les données sensorielles en repérant les contours des objets ou en complétant les éléments manquants pour donner aux choses une certaine cohérence. Dès lors, il regroupe, ordonne et met en forme les données brutes fournies par les sens. Une représentation des objets se met ainsi en place ;
- **l'étape cognitive**. Cette étape consiste à interpréter les données des sens, à leur donner une signification qui varie selon les cultures et les époques. Les Anciens, par

exemple, avaient baptisé « Grande Ourse » la constella-
tion qui apparait à présent à la plupart des observateurs
sous la forme d'une casserole.

Le rôle de la sensation dans la connaissance **

Dès l'Antiquité, les penseurs s'interrogent sur la part que
prennent les sens dans le processus de la connaissance.
Certains estiment alors que **toute connaissance commence
avec la sensation**, mode le plus immédiat d'appréhension
du monde. La sensation peut donc être considérée comme
le premier palier de la connaissance :

- elle ne peut à elle seule constituer une connaissance. En
  effet, elle ne nous livre que des faits et des cas particuliers, sans explications ;
- elle ne se réduit pas non plus à une simple empreinte
  matérielle. L'œil, par exemple, n'est pas un banal miroir.
  L'entendement, actif, ressent l'objet de la sensation et en
  imprime la forme, indépendamment de la matière.

Autrement dit, les sens font passer le sensible en puissance à
l'acte : l'objet de la sensation est en quelque sorte enregistré
par l'entendement, individualisé, isolé du monde sensible.

Aristote (384-322 av. J.-C.), notamment, considère la sensation comme essentielle :

- si l'un de nos sens disparait, il est clair que tout un pan
  de connaissance disparait avec lui. Tout un domaine de
  savoir est dès lors impossible à acquérir ;
- la sensation est envisagée comme un préalable indis-

pensable à toute démarche intellectuelle. Elle permet de passer des cas particuliers aux notions universelles. Envisageant la connaissance par induction (allant du particulier au général), il démontre la nécessité de passer par l'expérience sensible (citation 1).

Le primat de l'expérience sensible dans la connaissance ***

La philosophie empiriste fait de la sensation un prérequis à toute connaissance, qui nait du contact de l'individu avec son milieu et des impressions sensibles qu'il en reçoit.

L'EMPIRISME

L'**empirisme** est un courant philosophique qui suppose que toute connaissance est essentiellement empirique, c'est-à-dire qu'elle vient de l'expérience. L'empirisme s'oppose au **rationalisme**, qui pose le primat de l'entendement comme structure organisatrice pour la connaissance.

Dans son *Essai sur l'entendement humain* (1690), où il développe sa théorie de la connaissance, **John Locke** (1632-1704) explique que l'âme humaine, au commencement, est une table rase, vierge de toute idée. Les matériaux qui vont fonder les raisonnements proviennent du contact que l'homme établit avec le monde extérieur : **toutes les idées sont issues de l'expérience sensible**. Mais celle-ci ne se contente pas de donner naissance aux idées, elle les modèle. Autrement dit, l'esprit n'accueille pas de manière passive les idées obtenues par la sensation : les opérations de l'esprit (penser, douter, croire, raisonner, vouloir, etc.) les prennent pour objet. De ce fait, de nouvelles idées apparaissent et l'origine de celles-ci n'est alors plus la sensation, mais la réflexion. Dans les deux cas, l'idée est une perception, soit des corps sensibles, soit des opérations de l'esprit. Avoir des idées ou avoir des perceptions est donc équivalent.

Rien ne peut donc être connu à priori, l'expérience précède toute théorie. Le sujet ne se connait et ne connait le monde que par l'intermédiaire de la perception, issue des sens.

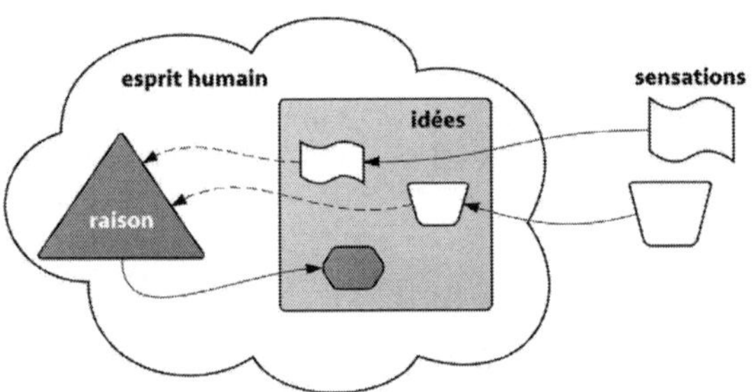

David Hume (1711-1776), qui défend lui aussi le primat de la perception dans la connaissance, affirme même que, **sans le corps, le sujet n'existerait pas** (citation 3). Il classe les perceptions en deux catégories :

- les impressions ou perceptions vives, comme les sensations ;

- les idées, qui sont des images affaiblies des impressions sensibles.

Hume pose cependant que la perception unique d'un objet ne permet pas d'en forger l'idée, mais il en va tout autrement lorsque cette perception se répète. Ainsi, l'expérience des sens jointe à l'habitude permet d'expliquer la formation des idées. Ces dernières s'associent ensuite selon des lois, comme en physique où, par exemple, certains phénomènes naturels sont régis par la loi de l'attraction. Les représentations s'appellent donc les unes les autres sans que nous le voulions.

La sensation à l'origine des faits psychiques *

Le courant sensualiste s'inscrit dans la lignée de l'empirisme, mais **Étienne Bonnot de Condillac** (1715-1780) accentue encore le rôle de la sensation. Il y voit **l'origine de l'intégralité des faits psychiques**, y compris la réflexion elle-même, les facultés intellectuelles n'étant que des sensations transformées. Rien n'est dans l'intellect qui n'ait été d'abord dans la sensation. L'esprit est donc issu des comparaisons, liaisons, combinaisons qu'il établit à partir des sensations.

LE SENSUALISME

Le **sensualisme**, proche de l'empirisme, est un courant philosophique selon lequel les sensations sont à la base de toutes les connaissances. Au départ, ce terme est né pour désigner l'empirisme de Condillac.

Denis Diderot (1713-1784) accorde également une importance primordiale à la sensation quant à la représentation et à la connaissance du monde du sujet. Il prend **l'exemple d'un aveugle de naissance** à qui une opération chirurgicale a rendu la vue. L'idée du monde qu'il s'était forgée à partir du toucher, de l'ouïe, de l'odorat et du gout est-elle la même que la représentation qu'il en a à présent sous les yeux ? Une sorte de réadaptation, à partir des nouvelles sensations qu'il éprouve, ne va-t-elle pas être nécessaire ?

LA CRITIQUE DU RÔLE DE LA PERCEPTION DANS LA CONNAISSANCE

L'illusion de la perception *

Si certains penseurs font de la perception la condition première de toute production d'idées, d'autres mettent en cause la perception dans sa capacité à véhiculer le vrai et privilégient l'entendement. Ces derniers estiment que la perception peut se révéler trompeuse : il existe en effet de fausses perceptions, telles les mirages ou les hallucinations. De plus, l'habitude peut perturber l'acte perceptif : à force de voir, d'entendre ou de toucher les mêmes choses, le sujet peut en avoir une perception erronée.

Sextus Empiricus (160-210), qui partage les idées des philosophes sceptiques, montre les limites de l'empirisme. Selon lui, **les sens ne peuvent parvenir à saisir réellement les choses**. En effet, les objets ne sont jamais vus tels qu'ils sont en eux-mêmes : ce que nous voyons contient toujours une part de subjectif. La perception est donc relative à chaque individu.

L'instabilité du réel perçu **

Le statut de la réalité elle-même peut également être remis en question. Est-elle toujours stable ? Si ce n'est pas le cas, comment peut-on fonder une connaissance sur la perception de quelque chose qui serait instable et fuyant ?

Pour **Platon** (427-347 av. J.-C.), **la connaissance requiert un objet stable. Or le monde sensible est caractérisé par l'instabilité**, le changement, le mouvement et le particulier : ses objets ne sont jamais dans le même état. On ne peut donc les connaitre vraiment (citation 4).

Au monde sensible, le philosophe oppose le monde intelligible, ou monde des Idées. Celui-ci, stable, est peuplé d'hypothétiques essences immatérielles, immuables et éternelles : les Idées, qui constituent des modèles d'après lesquels les objets sensibles sont créés. L'homme doit dès lors s'élever au-dessus de la réalité, jusqu'au monde des Idées, pour atteindre la vraie connaissance. L'allégorie de la caverne, dans *La République*, montre que la réalité ne fournit à la perception que des images trompeuses, des simulacres. Pour connaitre le vrai, il faut progresser jusqu'aux Idées.

Les idées innées ***

Selon **René Descartes** (1596-1650), le principe de la connais-sance par les sens doit être remis en question :

a. tout d'abord, parce que **les sens peuvent être trom-peurs**. En effet, on peut par exemple éprouver en rêve des sensations similaires à celles que l'on ressent en état de veille et qui sont pourtant purement chimériques ;

b. ensuite, parce que les organes des sens ne font qu'éveiller en nous, par un bref contact, les idées de douleur, de couleur, etc. Cela signifie qu'ils ne les produisent pas. Il en conclut que **l'expérience**, c'est-à-dire le contact avec le monde sensible, **ne fait qu'activer des dispositions naturelles, des idées, qui se trouvent dans l'entende-ment à priori** (en dehors de toute expérience).

Pour démontrer que la sensation n'est pas une source fiable pour la connaissance, le philosophe utilise l'exemple du morceau de cire (les *Méditations métaphysiques*, 1641) : au départ celui-ci présente certaines qualités sensibles : il est dur, froid, a une odeur de fleur, rend un son particulier lors-qu'on le frappe, etc. Mais lorsque l'on approche ce morceau de cire du feu, ces qualités disparaissent et sont remplacées par d'autres. Ce décalage nous interdit de nous fier à nos sens pour connaitre la cire (<u>citation 5</u>).

Mais alors, à quoi peut-on reconnaitre le même morceau de cire avant et après, alors qu'aucun des sens n'envoie plus les mêmes informations ? Les sens nous informent qu'il ne s'agit plus du même objet et pourtant on sait qu'il s'agit du même morceau de cire. Selon Descartes, il faut en conclure que ce ne sont pas les sens qui apportent les idées, mais l'esprit : **c'est l'entendement qui connait les objets, et non les sens**. Seule une inspection de l'esprit permet de reconnaitre la cire clairement et distinctement. C'est ainsi que le philosophe en vient à considérer la perception non plus comme une vision, mais comme un acte d'intellection : **toute perception est structurée par un jugement de l'entendement**. Celui-ci est constitué d'idées innées, placées là par Dieu, qui sont réveillées par l'expérience.

On retrouve encore cette vision intellectualiste de la connaissance au début du XXe siècle, notamment avec **Alain** (1868-1951). Celui-ci considère **la perception comme une fonction de l'entendement : percevoir, c'est juger**, interpréter, au moyen du langage, conçu comme la forme d'expression verbale de la pensée.

Entre rationalisme et empirisme ***

Il existe une voie médiane entre :

- **les théories empiristes**, qui présentent l'esprit humain comme vierge de toute idée et fondent la connaissance à partir de la seule expérience,
- et **les théories rationalistes**, qui soutiennent qu'il y a dans l'esprit des idées innées, imprimées en l'homme par Dieu.

Elle est représentée par **Gottfried Wilhelm Leibniz** (1646-1716), qui concilie les deux courants dans sa théorie de la perception :

- à l'instar de Locke, il admet l'importance de l'expérience sensible ;
- l'âme n'est pas, cependant, un tableau vierge sur lequel viendraient se graver les perceptions, comme le prétend Locke. Ce qui est premier et d'abord donné, c'est l'esprit, qui renferme de manière innée les premiers principes de la connaissance, soit les idées de cause, d'identité, de substance, etc. Celles-ci ne sauraient être données par les sens.

Dans ses *Nouveaux Essais sur l'entendement humain* (1703), publiés en réponse à l'*Essai sur l'entendement humain* de Locke, Leibniz explique que si nos idées sont innées, nous n'en avons cependant pas nécessairement et immédiatement conscience. C'est l'expérience sensible qui nous permet d'en prendre conscience : elle est donc nécessaire à l'âme pour mettre en branle le processus de connaissance. Ainsi, **il y a des idées présentes au préalable en notre âme, mais sans l'expérience, nous n'avons pas conscience de leur présence**.

Les petites perceptions de l'âme ***

Par ailleurs, à Locke qui affirme que l'esprit est à certains moments sans perception, notamment quand il dort sans rêver, **Leibniz** objecte qu'il y a continuellement en nous une infinité de perceptions, dont nous n'avons pas nécessairement conscience. Le philosophe distingue alors **deux niveaux de perception** :

- **les perceptions distinctes ou réfléchies**, appelées « aperceptions » : elles sont perçues par la conscience, c'est-à-dire qu'elles sont réfléchies par le sujet ;
- **les petites perceptions**, que la conscience ne perçoit pas d'emblée, mais qui sont présentes dans l'âme (citation 6).

Ces petites perceptions se produisent à tout moment et en nombre infini. Si elles passent inaperçues, autrement dit si nous n'en avons pas conscience, c'est :

- soit parce que nous portons notre attention sur un élément précis et que nous ne percevons pas le reste. La conscience opère une sélection dans le champ perceptif ;
- soit parce que certaines perceptions sont trop confuses ou trop ténues pour parvenir à la conscience ;
- soit parce que nous sommes tellement accoutumés à certaines perceptions que nous ne les percevons plus isolément.

Ces sollicitations imperceptibles concourent pourtant à la perception de l'ensemble : **la somme de plusieurs petites perceptions prises ensemble joue un rôle dans la constitution des représentations dont nous avons conscience**. Nous percevons, par exemple, le bruit global de la mer, or celui-ci est constitué d'un nombre infini de sons issus des millions de gouttes d'eau formant les vagues : ce sont ces petites perceptions, que l'on ne perçoit pourtant pas individuellement, qui contribuent à la perception globale du bruit de la mer.

En admettant l'existence de perceptions qui échappent à la conscience, Leibniz ouvre la voie de l'inconscient. La per-

ception consciente n'est qu'un degré de perception parmi
d'autres.

LE PRIMAT DE LA PERCEPTION

Exister, c'est être perçu ***

Selon **George Berkeley** (1685-1753), exister n'est rien d'autre
que percevoir et être perçu. La sensation, et la perception
qui lui succède, est le seul mode d'être au monde. Il n'y a pas
de matière ni de sujet indépendants de la perception.

Le philosophe distingue deux types d'idées :

- **les idées provenant de l'imagination de l'homme** ;
- **les idées provenant des perceptions sensibles**. On
  considère généralement que ces dernières sont issues
  des objets matériels, mais selon Berkeley, il n'existe pas
  de choses matérielles : l'être des choses est uniquement
  d'être perçues.

En effet, **les choses n'existent réellement que si elles
sont perçues** (citation 7). Autrement dit, les éléments
qui composent notre univers (étendue, mouvement, son,
couleur, etc.) n'existent et ne prennent corps que par la
perception qu'on en a. En effet, qu'est-ce qu'une pomme
sinon un ensemble de formes, de couleurs, d'odeurs, que
des sensations diverses ont constitué ?

Ainsi, les objets qui parviennent à notre esprit ne sont que
des collections d'idées issues de la perception. Par conséquent, seuls les idées et l'esprit existent. Le concept de ma-

tière n'est qu'une invention pour désigner le regroupement de différentes sensations.

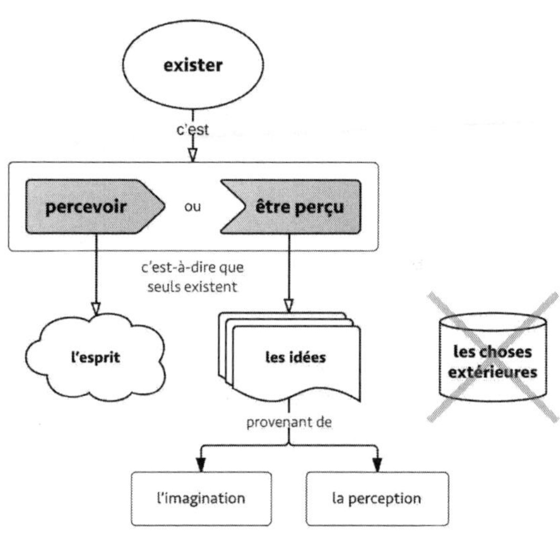

Perception et intentionnalité *

Avant **Edmund Husserl** (1859-1938), la perception était considérée comme une image ou un signe du monde extérieur. Elle était toujours pensée comme une représentation des choses. Husserl pose quant à lui que :

- il n'y a pas deux objets dans la perception, mais un seul : l'objet intentionnel. Il n'y a pas d'une part l'objet dans la réalité, et d'autre part l'objet dans notre esprit. L'objet perçu n'est rien d'autre que l'objet vu par une conscience. L'observateur n'aperçoit pas un objet pur, nu, pour le stocker ensuite dans sa mémoire sous forme d'image. Autrement dit, l'objet dans l'esprit n'est en aucun cas l'image dégradée d'un objet existant réellement. Au contraire, l'objet est toujours et déjà appréhendé par la conscience. La conscience, pour percevoir, s'élance vers un objet, se projette vers lui, le vise. Ainsi, **la perception n'est pas une réception d'images, elle est toujours empreinte d'une intention**. Si elle voit l'objet perçu, c'est parce qu'elle s'élance vers lui avec une intention préalable ;

- une perception n'est jamais isolée. Elle se situe toujours dans un champ perceptif au sein duquel s'ordonnent des séries de perceptions qui se complètent les unes les autres, dans une activité de constitution du sens de l'objet.

L'importance du corps dans la perception ***

À sa suite, **Maurice Merleau-Ponty** (1908-1961) creuse cette approche phénoménologique de la perception, en mettant en avant l'unité du sujet et de l'objet, qui s'actualise dans la perception : **c'est l'expérience vécue du sujet**, c'est-à-dire ses états de conscience, **qui donne sens à l'objet**.

Selon le philosophe, la sensation pure n'existe pas : il s'agit d'un mythe. Son contenu, à priori élémentaire, contient d'emblée un ensemble de significations et de relations. Par conséquent, **on ne peut distinguer la sensation de la perception**.

Par ailleurs, pour Merleau-Ponty, percevoir, c'est se projeter dans le monde avec son corps : **on perçoit les choses avec son corps**. Celui-ci permet donc à l'homme d'appréhender des ensembles et des structures grâce auxquelles il peut habiter le monde.

Le philosophe cherche à démontrer le caractère premier de la perception, qui précède tout discours. Celle-ci n'est en aucun cas la conséquence d'un arrangement de sensations, mais bien plutôt **une activité consistant à s'ouvrir au monde**, à entrer en contact avec le monde. Il veut montrer qu'il existe une implication réciproque du sujet et de l'objet. L'expérience vécue de la perception est le lieu de cette coap-partenance de la conscience et du monde.

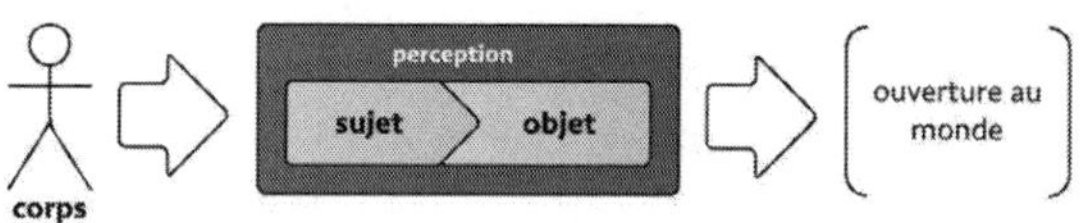

EN RÉSUMÉ

Depuis l'Antiquité, les philosophes s'interrogent sur le rôle de la sensation dans la connaissance. Certains estiment qu'elle est à l'origine de la connaissance, à l'instar d'**Aristote** et des empiristes. Ainsi, **Locke et Hume** donnent le primat à l'expérience dans la connaissance, considérant qu'aucune cause n'est connue à priori.

Mais d'autres penseurs considèrent que les données des sens sont illusoires. Pour **Platon**, la réalité est trompeuse et, dès lors, ne peut fournir de véritable connaissance. **Descartes** défend quant à lui l'existence d'idées innées, antérieures à la perception : c'est l'entendement qui connait les objets grâce à ces idées innées, et non les sens.

Leibniz emprunte pour sa part une voie médiane entre rationalisme et empirisme. Il définit l'entendement comme cause première de tout raisonnement, mais reconnait le rôle fondamental de l'expérience : sans l'expérience, nous n'avons pas conscience des idées innées présentes en nous.

Par la suite, **Berkeley** explique qu'exister n'est rien d'autre que percevoir et être perçu. Rien n'existe en dehors de la perception.

La philosophie contemporaine accorde une plus grande place à la perception, notamment avec l'essor de la phéno-ménologie. **Husserl** voit dans la perception une intention-nalité : la perception s'élance vers l'objet, le vise et lui donne sens. Ainsi, l'objet perçu n'est rien d'autre que l'objet vu par une conscience. Pour **Merleau-Ponty**, la sensation ne peut être séparée de la perception dans le sens où elle contient d'emblée un ensemble de significations. De plus, selon lui, on perçoit les choses avec son corps.

POUR ALLER PLUS LOIN

- ALAIN, *Éléments de philosophie*, Paris, Gallimard, 1991.
- ARISTOTE, *Organon. Seconds Analytiques*, traduction de Jules Tricot, Paris, Vrin, 2000.
- BERKELEY (George), *Les Principes de la connaissance humaine*, Paris, Aubier-Montaigne, 1969.
- BERKELEY (George), *Trois dialogues entre Hylas et Philonous*, traduction de Geneviève Brykman et de Roselyne Degrémont, Paris, GF-Flammarion, 1999.
- CLÉMENT (Élisabeth) *et alii*, *La Philosophie de A à Z*, Paris, Hatier, 2000.
- COLLECTIF, *La Philosophie comme débat entre les textes*, Paris, Magnard, 1988.
- DESCARTES (René), *Les Méditations métaphysiques*, traduction de Jean-Marie et de Michelle Beyssade, Paris, GF-Flammarion, 1979.
- DIDEROT (Denis), *Lettre sur les aveugles à l'usage de ceux qui voient*, Paris, Gallimard, 2004.
- DORTIER (Jean-François), « La Perception, une lecture du monde », in *Les Grands Dossiers*, n° 7, juin-juillet-aout 2007.
- HUME (David), *Enquête sur l'entendement humain*, traduction d'André Leroy et de Michelle Beyssade, Paris, GF-Flammarion, 2006.
- HUME (David), *Traité de la nature humaine*, traduction d'André Leroy, Paris, Aubier-Montaigne, 1968.
- HUSSERL (Edmund), *Idées directrices pour une phénoménologie*, traduction de Paul Ricœur, Paris, Gallimard, 1985.
- KANT (Emmanuel), *Critique de la raison pure*, traduction d'Alain Renaut, Paris, GF-Flammarion, 2006.

- LEGRAND (Gérard), *Dictionnaire de philosophie*, Paris, Bordas, 1972.
- LEIBNIZ (Gottfried Wilhelm), *Nouveaux Essais sur l'entendement humain*, Paris, GF-Flammarion, 1966.
- LOCKE (John), *Essai sur l'entendement humain*, traduction de Jean-Michel Vienne, Paris, Vrin, 2002.
- MERLEAU-PONTY (Maurice), *Phénoménologie de la perception*, Paris, Gallimard, 1976.
- PLATON, *Cratyle*, Paris, Les Belles Lettres, 2000.
- PLATON, *Phédon*, traduction de Monique Dixsaut, Paris, GF-Flammarion, 1999.
- PLATON, *Théétète*, traduction de Michel Narcy, Paris, GF-Flammarion, 1999.
- RUSS (Jacqueline), *Les Chemins de la pensée*, Paris, Armand Colin, 1988.
- SEXTUS EMPIRICUS, *Esquisses pyrrhoniennes*, traduction de Pierre Pellegrin, Paris, Seuil, 1997.

TESTEZ VOS CONNAISSANCES !

ASSOCIEZ CHAQUE CITATION À L'EXPLICATION QUI LUI CORRESPOND.

Citations

- **Citation 1 :** « L'induction est impossible à qui ne possède pas la sensation. C'est en effet aux cas particuliers que s'applique la sensation. » (ARISTOTE, Organon. Seconds Analytiques, Paris, Vrin, 2000, p. 81)
- **Citation 2 :** « Cette grande source de la plupart des idées que nous avons dépend entièrement de nos sens et se communique par leur moyen à l'entendement, je l'appelle SENSATION. » (LOCKE [John], Essai sur l'entendement humain, Paris Vrin, 2002, livre 2, chapitres 1-4)
- **Citation 3 :** « Je ne peux jamais me saisir moi, en aucun moment sans une perception (de chaud ou de froid, d'ombre ou de lumière, de douleur ou de plaisir) et je ne peux rien observer que la perception. » (HUME [David], Traité de la nature humaine, Paris, Aubier-Montaigne, 1968, p. 342-344)
- **Citation 4 :** « De connaissance non plus il ne peut être probablement question, si tout se transforme et rien ne demeure. » (PLATON, Cratyle, Paris, Les Belles Lettres, 2000, p. 136-137)
- **Citation 5 :** « Qu'est-ce donc que l'on connaissait en ce morceau de cire avec tant de distinction ? Certes ce ne peut être rien de tout ce que j'y ai remarqué par l'entremise des sens, puisque toutes les choses qui tombaient sous le goût, ou l'odorat, ou la vue, ou l'attouchement,

ou l'ouïe, se trouvent changées, et cependant la même cire demeure. » (DESCARTES [René], Les Méditations métaphysiques, Paris, GF-Flammarion, 1979, p. 89-91)

- **Citation 6 :** « Il y a mille marques qui font juger qu'il y a à tout moment une infinité de perceptions en nous, mais sans aperception et sans réflexion, c'est-à-dire des changements dans l'âme même, dont nous ne nous apercevons pas. » (LEIBNIZ [Gottfried Wilhelm], Nouveaux Essais sur l'entendement humain, Paris, GF-Flammarion, 1966, p. 38-39)
- **Citation 7** : « [...] tous les corps qui composent l'ordre puissant du monde, ne subsistent pas hors d'un esprit, [...] leur être est d'être perçu ou connu [...]. » (BERKELEY [George], Les Principes de la connaissance humaine, Paris, Aubier-Montaigne, 1969, partie 1)
- **Citation 8 :** « Le quelque chose perceptif est toujours au milieu d'autre chose, il fait toujours partie d'un champ. [...] La pure impression n'est donc pas seulement introuvable, mais imperceptible et donc impensable comme moment de la perception. » (MERLEAU-PONTY [Maurice], Phénoménologie de la perception, Paris, Gallimard, 1976, p. 10)

Explications

- **Explication a :** les objets n'existent que s'ils sont perçus.
- **Explication b :** les sens ne constituent pas une source fiable de connaissance, parce que les données sensibles changent constamment.
- **Explication c :** la coappartenance du sujet et de l'objet s'actualisent dans la perception. Les états de conscience

du sujet donnent sens à l'objet.

- **Explication d :** la réalité, toujours mouvante, ne peut fournir de base stable à la connaissance.
- **Explication e :** passer des cas particuliers aux lois générales est impossible sans la sensation.
- **Explication f :** il n'existe pas de sensation pure : elle se situe d'emblée au sein d'un ensemble de significations et de relations. On ne peut donc isoler la sensation de la perception.
- **Explication g :** la source des idées se trouve uniquement dans la sensation.
- **Explication h :** notre âme contient en nombre infini des petites perceptions dont nous n'avons pas conscience.
- **Explication i :** percevoir, c'est juger, c'est-à-dire interpréter le monde au moyen du langage.
- **Explication j :** le sujet ne peut exister sans la perception.

CHOISISSEZ UN SUJET BAC ET CONSTRUISEZ LE PLAN DE VOTRE DISSERTATION EN Y ASSOCIANT, SI POSSIBLE, CERTAINES DES CITATIONS ET DES EXPLICATIONS REPRISES CI-DESSUS.

- La perception peut-elle s'éduquer ? (bac L 2008)
- La perception est-elle source de connaissance ?
- Suffit-il de voir pour savoir ?
- La perception est-elle active ou passive ?
- Quelle(s) certitude(s) nous donne (nt) la perception ?
- N'y-a-t-il de vrai que ce qui saute aux yeux ?
- Que valent les apparences ?

- Peut-on connaitre ce qui n'est pas observable ?
- Qu'est-ce que voir ?
- Peut-on voir sans regarder ?

Rendez-vous sur lepetitphilosophe.fr et découvrez :

Plus de 1200 analyses
Claires et synthétiques
Téléchargeables en 30 secondes
À imprimer chez soi

www.lepetitphilosophe.fr

ISBN version numérique : 978-2-8062-4454-3
ISBN version papier : 978-2-8062-4431-4
Dépôt légal : D/2017/12603/554

Schémas réalisés par Alberto Molina Pérez,
doctorant en philosophie des sciences
(Université Paris I-Panthéon-Sorbonne)

Conception numérique : Primento,
le partenaire numérique des éditeurs.